ụlọ akwụkwọ - escola	2
njem - viatge	5
njem - transport	8
obodo - ciutat	10
odida obodo - paisatge	14
ụlọ oriri na ọnụnụ - restaurant	17
ụlọ ahịa - supermercat	20
ihe ọnụnụ - begudes	22
nri - menjar	23
ugbo - granja	27
ụlọ - casa	31
ime ụlọ ezumike - sala d'estar	33
usekwu - cuina	35
ụlọ ịsa ahụ - bany	38
ụlọ nwa - cambra de nen	42
uwe - roba	44
ụlọ ọrụ - oficina	49
akụnụba - economia	51
aka ọrụ - oficis	53
ngwaọrụ - eines	56
ngwa egwu - instrument de música	57
zuu - zoo	59
egwuregwu - esports	62
ihe omume - activitats	63
ezinụlọ - família	67
ahụ - cos	68
ụlọ ọgwụ - hospital	72
mberede - urgència	76
Ụwa - terra	77
elekere - rellotge	79
izu - setmana	80
afọ - any	81
ụdị - formes	83
na agba - colors	84
mmegide - oposats	85
nọmba - nombres	88
asụsụ - llengües	90
onye / ihe / olee - qui / què / com	91
ebee - on	92

Impressum
Verlag: BABADADA GmbH, Nedderfeld 112 , 22529 Hamburg
Geschäftsführer / Verlagsleitung: Harald Hof
Druck: Books on Demand GmbH, In de Tarpen 42, 22848 Norderstedt

Imprint
Publisher: BABADADA GmbH, Nedderfeld 112 , 22529 Hamburg, Germany
Managing Director / Publishing direction: Harald Hof
Print: Books on Demand GmbH, In de Tarpen 42, 22848 Norderstedt

ụlọ akwụkwọ
escola

- n'ime ụlọ akwụkwọ / classe
- nkewa / dividir
- obosara / tauler
- ogige ụlọ akwụkwọ / pati (de l'escola)
- onye nkuzi / professor
- akwukwo / paper
- dee / escriure
- mkpịsị ode akwụkwọ / estilogràfica
- tebụl / escriptori
- ngwaoru eji atu ihe osise / regle
- akwụkwọ / llibre
- nwa akwụkwọ / estudiant

akpa
bossa

akpa pensụl
estoig

pensụl
llapis

nkọ pensụl
maquineta de fer punta

rọba
goma

obosara ihe osise
bloc de dibuix

ihe osise
dibuix

ahịhịa agba
pinzell

igbe agba
capsa de pintures

mkpa
tisores

mmapa
cola

akwụkwọ mmega
quadern d'exercicis

ọrụ omume ulo
deures

nọmba
nombre

tinye
afegir

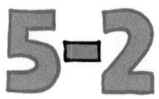
wepụ
sostreure

ba uba
multiplicar

gbakọọ
calcular

ozi
lletra

abiichii
alfabet

okwu
mot

ụlọ akwụkwọ - escola

ederede
text

gụọ
llegir

nzu
guix

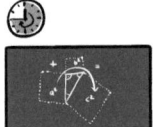
ihe mmụta
lliçó

deba aha
llibre de classe

ule
examen

asambodo
certificat

uwe ụlọ akwụkwọ
uniforme escolar

agumakwukwo
formació

akwụkwọ nkà ihe ọmụma
enciclopèdia

mahadum
universitat

mikroskopu
microscopi

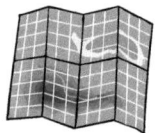
maapụ
mapa

nkata-ahihia
paperera

ụlọ akwụkwọ - escola

njem
viatge

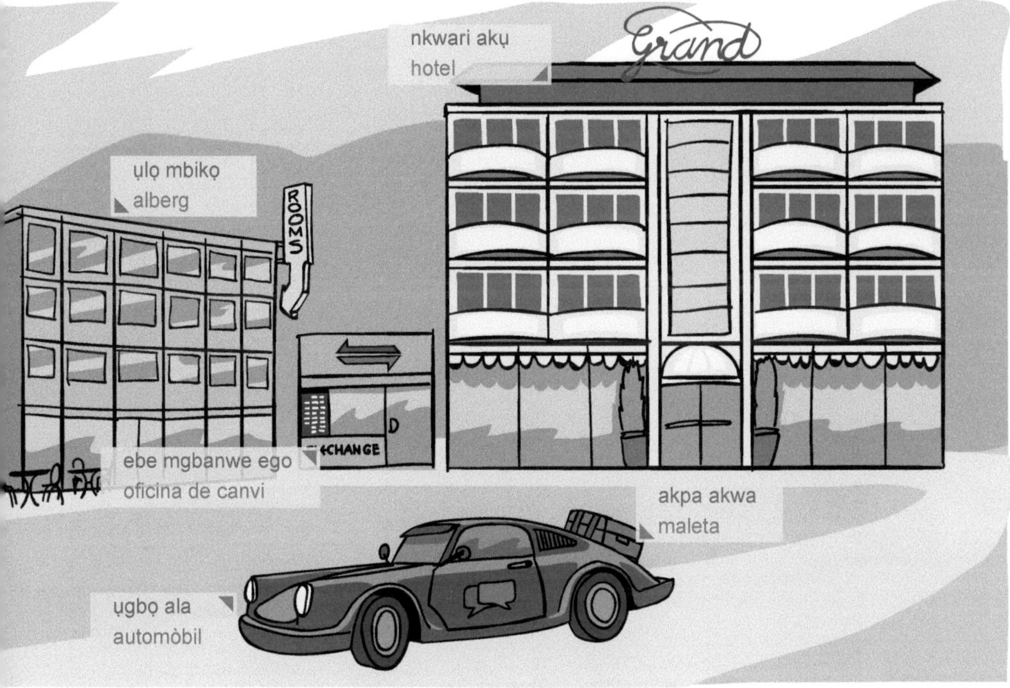

nkwari akụ
hotel

ụlọ mbikọ
alberg

ebe mgbanwe ego
oficina de canvi

akpa akwa
maleta

ụgbọ ala
automòbil

asụsụ

llengua

ee / mba

sí / no

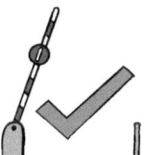

Ọdịkwa mma

D'acord

nnọọ

Ey!

onye ntughari

traductora

Daalụ

gràcies

njem - viatge

ego ole bụ...?
Quant costa... ?

Aghọtaghị m
No entenc

nsogbu
problema

Mgbede ọma!
Bona nit!

Ụtụtụ ọma!
bon dia!

Ka chifoo!
bona nit!

ka ọ dị
fins aviat

ntụziaka
direcció

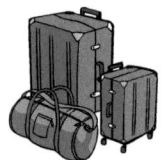

ibu
bagatge

akpa
bossa

akpa azu
sarrona

ọbịa
convidat

ime ụlọ
cambra

akpa ụra
sac de dormir

ụlọikwuu
tenda

njem - viatge

ozi njem nleta

oficina de turisme

osimiri

platja

kaadị akwụmụgwọ

carta de crèdit

nri ụtụtụ

esmorzar

nri ehihie

dinar

nri abalị

sopar

tiketi

bitllet

mbuli

ascensor

stampụ

segell

ókè

frontera

ndị kọstọm

duana

ụlọ ọrụ nnọchite anya obodo

ambaixada

visa

visat

paspọtụ

passaport

njem - viatge

njem
transport

ụgbọelu
vol

ụgbọ mmiri
vaixell

ọkụ ingin
automòbil dels bombers

gwongworo
camió

bọs
bus

ụgbọ mmiri
llanxa de motor

ọgbatụmtụm
bicicleta

ụgbọ ala
automòbil

ugbo
transbordador

ụgbọ mmiri
barca

ọgba tum tum
moto

ụgbọ ala uwe ojii
automòbil de policia

ụgbọ ala na-agba ọsọ
automòbil de curses

ụgbọ ala mgbazinye
automòbil de lloguer

njem - transport

nkekọrịta ụgbọ ala
vehicle compartit

gwongworo
grua

ụgbọala ntufu ahihia
camió de les escombraries

moto
motor

mmanụ ụgbọala
benzina

ebe ana ere mmanu
benzineria

akara okporo ụzọ
senyal de trànsit

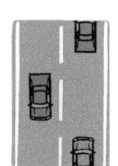

okporo ụzọ
trànsit

mkpọchị okporo ụzọ
embús

odu ụgbọ ala
aparcament

ọdụ ụgbọ oloko
estació de trens

ụzọ
vies

ụgbọ oloko
tren

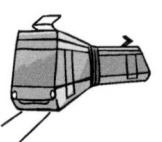

ụgbọ oloko
tramvia

ajụjụ
vagó

njem - transport

helikopta
helicòpter

ọdụ ụgbọ elu
aeroport

ụlọ elu
torre

onye njem
passatger

akpa
contenidor

katọn
capsa de cartó

ụgbọ ibu
carretó

nkata
cistella

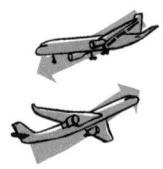
gbapụ / ala
enlairar-se / aterrar

obodo
ciutat

obodo
poble

etiti obodo
centre de la ciutat

ụlọ
casa

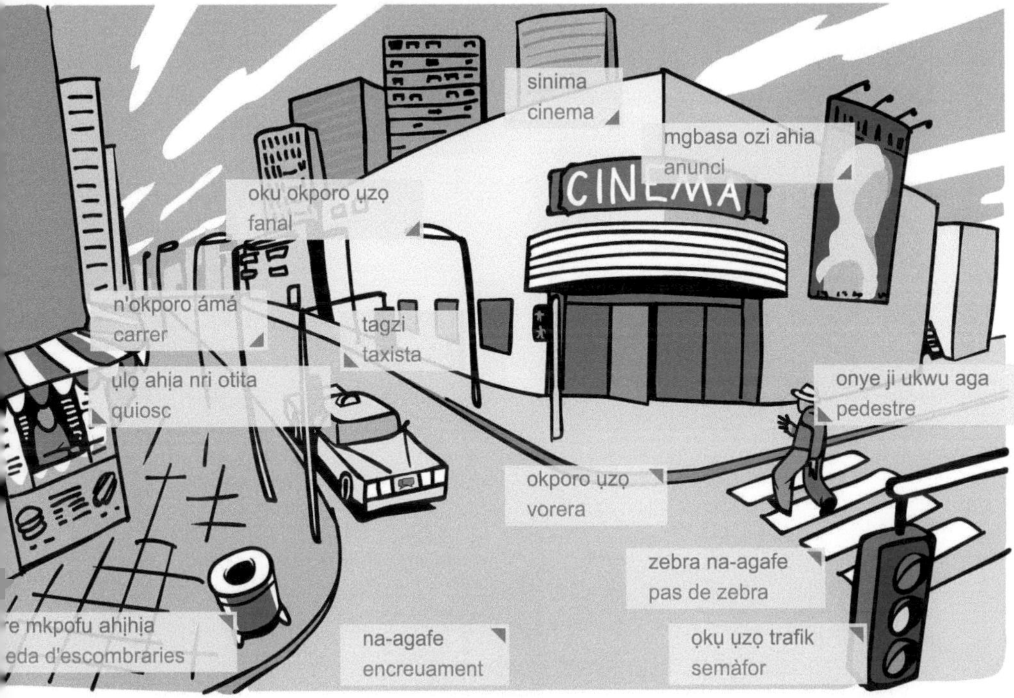

sinima / cinema

mgbasa ozi ahia / anunci

oku okporo ụzọ / fanal

n'okporo ámá / carrer

tagzi / taxista

ụlọ ahịa nri otita / quiosc

onye ji ukwu aga / pedestre

okporo ụzọ / vorera

zebra na-agafe / pas de zebra

e mkpofu ahịhịa / eda d'escombraries

na-agafe / encreuament

ọkụ ụzọ trafik / semàfor

obi
cabana

ohiha
apartament

ọdụ ụgbọ oloko
estació de trens

nnukwu ọnụ ụlọ obodo
casa de la vila-ciutat

ihe ngosi nka
museu

ụlọ akwụkwọ
escola

obodo - ciutat

mahadum

universitat

ụlọ akụ

banca

ụlọ ọgwụ

hospital

nkwari akụ

hotel

ahịa ọgwụ

farmàcia

ụlọ ọrụ

oficina

ụlọ ahịa akwụkwọ

llibreria

ụlọ ahịa

botiga

onye ore fulawa

floristeria

ụlọ ahịa

supermercat

ahịa

mercat

ngalaba ụlọ ahịa

gran magatzem

onye azu

peixateria

ụlọ ahịa

centre comercial

ọdụ ụgbọ mmiri

port

obodo - ciutat

ogige
parc

oche
banc

akwa ngafe
pont

steepụ
escala

n'okpuruala
metro

ọwara
túnel

ebe bọs na-akwụsị
parada d'autobús

ụlọ mmanya
bar

ụlọ oriri na ọnụnụ
restaurant

igbe akwụkwọ ozi
bústia de correu

akara okporo ụzọ
senyal indicador

igwe nnara ego ndọba ụgbọala
parquímetre

zuu
zoo

ebe igwu mmiri
piscina

ụlọ alakụba
mesquita

obodo - ciutat

ugbo
granja

mmetọ
pol·lució

ili
cementiri

ụlọ ụka
església

ama egwuregwu
parc infantil

ụlọnsọ
temple

odida obodo
paisatge

- akwụkwọ nri / fulla
- akara cartell indicador
- ụzọ / camí
- ahịhịa / prat
- nkume / pedra
- osisi / arbre
- onye njem / excursionista
- osimiri / riu
- ahịhịa / gespa
- ifuru / flor

ndagwurugwu
vall

ugwu
muntanya

ọdọ mmiri
llac

ọhịa
bosc

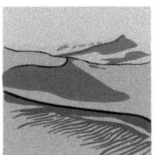
ọzara
desert

ugwu mgbawa
volcà

nnukwu ụlọ
castell

eke mmiri
arc de Sant Martí

ero
bolet

nkwụ
palmera

anwụnta
moscard

ofufe
mosca

agbeshi
formiga

ańụ
abella

ududo
aranya

odida obodo - paisatge

ahụhụ
escarabat

awọ
granota

osa
esquirol

oke ọhịa
eriçó

oke oyibo
llebre

ikwiikwii
òliba

nnụnụ
ocell

Agbanye
cigne

ezi ọhịa
senglar

mgbada
cervo

anụ ọhịa
ant

ihe mgbochi mmiri
presa

ikuku igwe
turbina

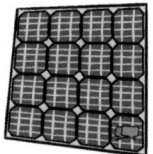
igwe anwụ
panell solar

ihu igwe
clima

odida obodo - paisatge

ụlọ oriri na ọnụnụ
restaurant

onye na-ebu nri
cambrer

ndeputa nri
menú

oche
cadira

ofe
sopa

pizza
pizza

ákwà tebụl
tovalla

ngaji na nma
coberts

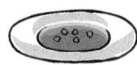

mbịdo
primer plat

isi nri
plat principal

mmeju nri
darreries

ihe ọnụnụ
begudes

nri
menjar

karama
ampolla

ụlọ oriri na ọnụnụ - restaurant

nri ngwa ngwa / menjar ràpid

nri n'okporo ámá / menjar de carrer

ketulu tii / tetera

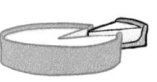

nnukwu efere shuga / sucrer

òkè / porció

igwe kofi / màquina d'espresso

oche dị elu / trona

ụgwọ / factura

efere obosara / plata

nma / ganivet

ndụdụ / forqueta

ngaji / cullera

ngaji tii / cullereta

akwụkwọ oche / tovalló

iko / got

ụlọ oriri na ọnụnụ - restaurant

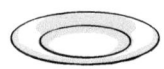
efere
plat

efere ofe
plat de sopa

efere ihendori
plateret

ihendori
salsa

ite nnu
saler

igwe ose
molinet de pebre

mmanya gbara ụka
vinagre

mmanụ
oli

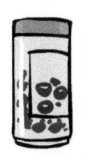
ngwa nri
espècies

ihe ndori
quètxup

mọstad
mostassa

mayonezi
maionesa

ụlọ oriri na ọnụnụ - restaurant

ụlọ ahịa
supermercat

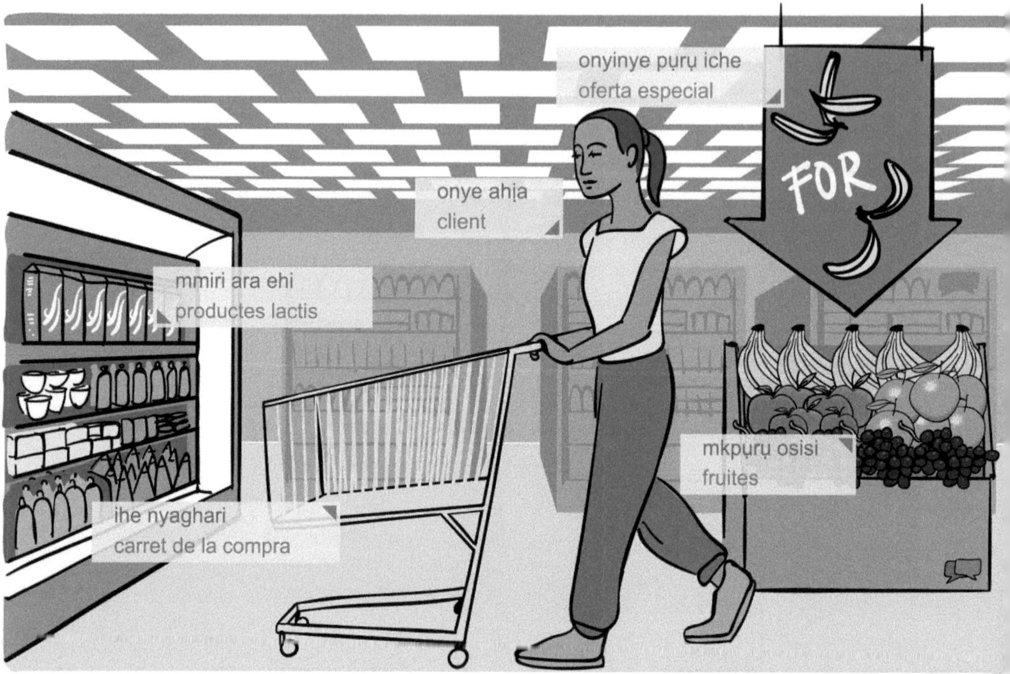

onyinye pụrụ iche
oferta especial
onye ahịa
client
mmiri ara ehi
productes lactis
mkpụrụ osisi
fruites
ihe nyaghari
carret de la compra
FOR

BUTCHERS

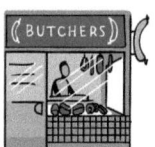

igbu anụ

carnisseria

BAKERY

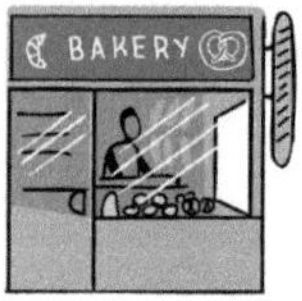

onye ome achịcha

forn de pa

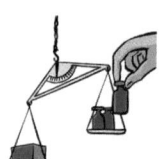

tụọ

pesar

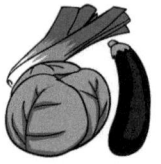

akwụkwọ nri

verdures

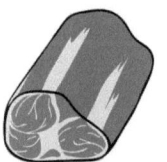

anụ

carn

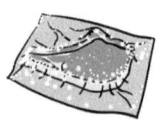

nri oyi kpọnwụrụ

menjar congelat

anụ oyi
carn freda

nri komkom
conserves

ntụ ọsịsa
detergent en pols

ihe ụtọ
dolços

ngwaahịa ụlọ
articles domèstics

ngwaahịa nhicha
productes de neteja

onye n'ere ahia
venedora

rue
caixa registradora

onye okwu ugwo
caixera

ndepụta ịzụ ahịa
llista de la compra

awa mmepe
horari d'obertura

obere akpa
portamonedes

kaadị akwụmụgwọ
carta de crèdit

akpa
bossa

akpa rọba
bossa de plàstic

ụlọ ahịa - supermercat

ihe ọnụnụ
begudes

mmiri
aigua

ihe ọnụọnụ
suc

mmiri ara
llet

mmanya otobiri kooku
coca-cola

mmanya
vi

biya
cervesa

mmanya na egbu egbu
alcohol

koko
cacau

tii
te

kọfị
cafè

kofi
espresso

cappuccino
cappuccino

nri
menjar

unere
banana

apụl
poma

oroma
taronja

egwusi
síndria

oroma nkịrịsị
llimona

karọt
pastanaga

galiki
all

achara
bambú

yabasị
ceba

ero
bolet

akụ
avellanes

nri eriri
fideus

nri - menjar

spaghetti

espaguetis

osikapa

arròs

nri ahihia

amanida

ibe

patates fregides

nduku eghere eghe

patates fregides

pizza

pizza

achicha

hamburguesa

sanwichi

ontrepà

anu

escalopa

apata ukwu ezi

cuixot

salami

salami

soseeji

salsitxa

okuko

pollastre

ihunuoku

rostit

azu

peix

nri - menjar

nri ọka
flocs de civada

nri ututu
musli

ọka
cereals

ntụ ọka
farina

achịcha
croissant

mpiakọta achịcha
panet

achịcha
pa

tost
torrada

biskit
bescuits

bọta
mantega

achịcha
mató

achicha
pastís

akwa
ou

akwa eghere eghe
ou fregit

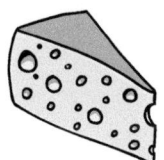

chiiz
formatge

nri - menjar

ihe nracha
gelat

shuga
sucre

mmanụ ańụ
mel

jam
melmelada

gbasaa shuga
crema de xocolata

kọrị
curri

ugbo
granja

ụlọ ọrụ ubi / granja

n'ọba / graner

ahịhịa bale / bala de palla

ubi / camp

ịnyịnya / cavall

ugbọala na-adọkpụ ụgbọ / remolc

nwa ewu / poltre

traktọ / tractor

ịnyịnya ibu / ase

nwa atụrụ / xai

atụrụ / ovella

mkpi / cabra

ehi / vaca

nwa ehi / vedella

ezi / porc

nwa ezi / garrí

ehi / bou

ugbo - granja

ọgazị
oca

odoguma
ànec

nwa okuko
poll

nne okuko
gall

oke ọkpa
gallina

oke
rata

pusi
gat

oke
ratolí

ehi
bou

nkịta
gos

nkịta ụlọ
gossera

paipu nhicha ogige
mànega de regar

iko mgbara mmiri
regadora

scythe
dalla

ịkọ
arada

ugbo - granja

mma ọhịa
falç

ogu
aixada

fọk ahihia
forca

anyu-ike
destral

wiilbaro
carretó

ubi
abeurador

komkom mmiri ara ehi
lletera

akpa
sac

ngere
tanca

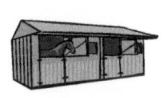

ụlọanụ
establa

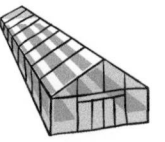

ulo glaasi
hivernacle

ala
sòl

mkpụrụ
llavor

fatịlaịza
adob

njikọta ihe ubi
collidora

owuwe ihe ubi
collir

owuwe ihe ubi
collita

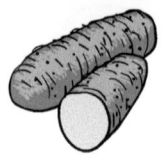

ji
nyam

ọka wit
blat

soya
soja

nduku
patata

ọka
blat de moro ọ d'indi

mkpụrụ osisi
colza

osisi mkpụrụ osisi
arbre fruiter

akpu
mandioca

nri ọka
cereals

ugbo - granja

ụlọ
casa

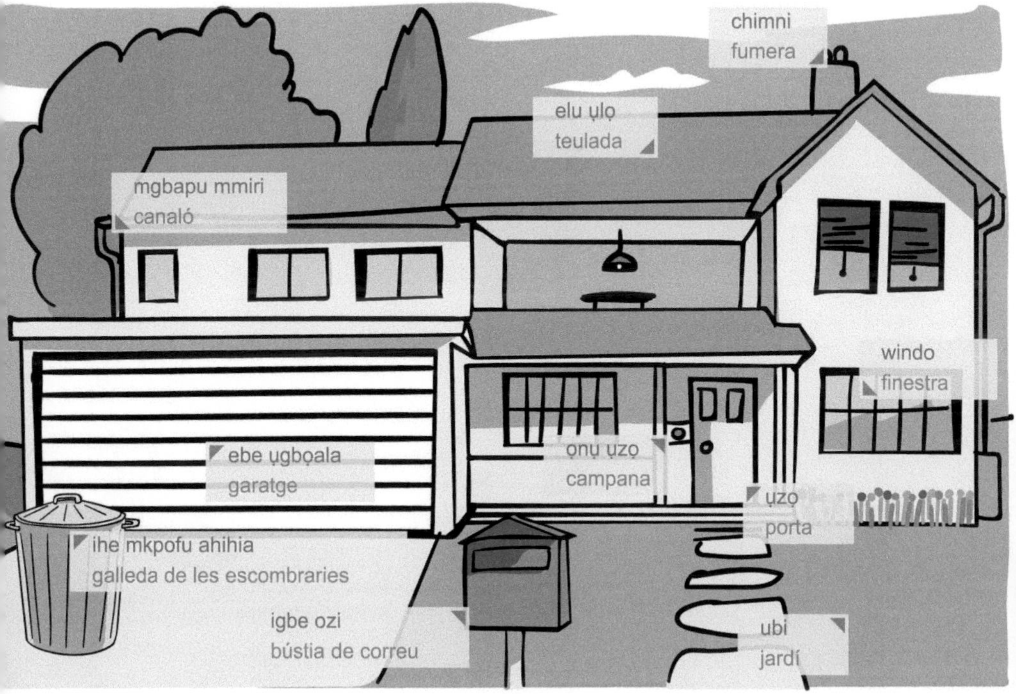

chimni
fumera

elu ụlọ
teulada

mgbapu mmiri
canaló

windo
finestra

ebe ụgbọala
garatge

ọnụ ụzọ
campana

ụzọ
porta

ihe mkpofu ahihia
galleda de les escombraries

igbe ozi
bústia de correu

ubi
jardí

ime ụlọ ezumike
sala d'estar

ụlọ ịsa ahụ
bany

usekwu
cuina

ime ụlọ
cambra de dormir

ụlọ nwa
cambra de nen

ime ụlọ erimeri
menjador

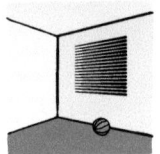
ala
sòl

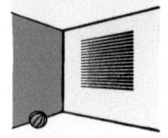
mgbidi
paret

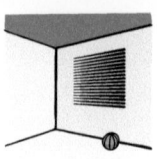
uko ụlọ
sostre

okpuru ụlọ
soterrani

sawụna
sauna

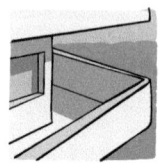
ihu mbara
balcó

mbara ihu ulo
terrassa

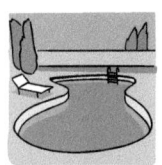
ọdọ mmiri
piscina

igwe eji asụ ahịhịa
tallagespa

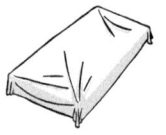
mpempe akwụkwọ
vànova

ihe ndina akwa
cobrellit

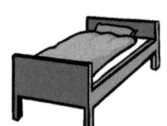
akwa ndina
llit

aziza
escombra

bọket
galleda

mgba ọkụ
interruptor

ụlọ - casa

ime ụlọ ezumike
sala d'estar

- akwụkwọ ahụaja / paper de paret
- foto / quadre
- oriọna / làmpada
- ụkọ / prestatge
- kọbọd / armari
- ekwú ọkụ / escalfapanxes
- onyonyo televisor
- ifuru / flor
- kwushin / coixí
- ite / gerro
- sofa / sofà
- ime njikwa / telecomanda

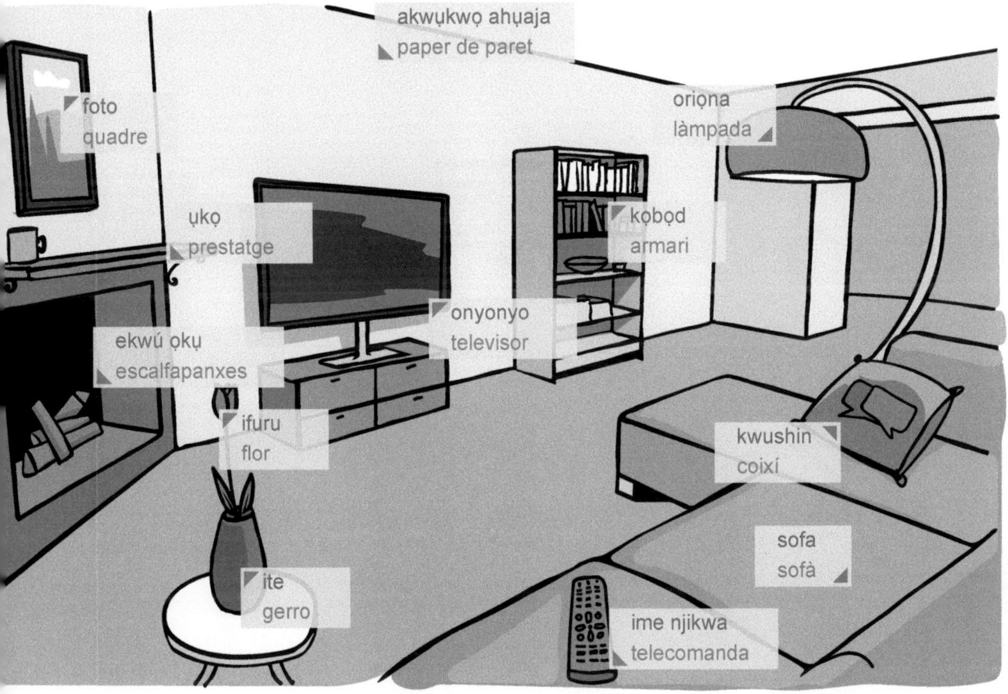

kapeeti
catifa

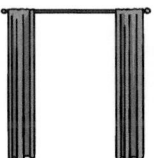

ákwà mgbochi
cortina

tebụl
taula

oche
cadira

mkpatụ oche
cadira gronxadora

oche
cadiral

ime ụlọ ezumike - sala d'estar

akwụkwọ llibre	akwa mkpuchi llençol	ihe ochicho mma decoració

nkụ llenya	ihe nkiri film	ngwa hi-fi cadena de música

igodo clau	akwụkwọ akụkọ diari	eserese pintura

posta cartell	redio ràdio	akwụkwọ ozi bloc de notes

igwe nhicha ala aspiradora	kaktus cactus	kandụl candela

usekwu
cuina

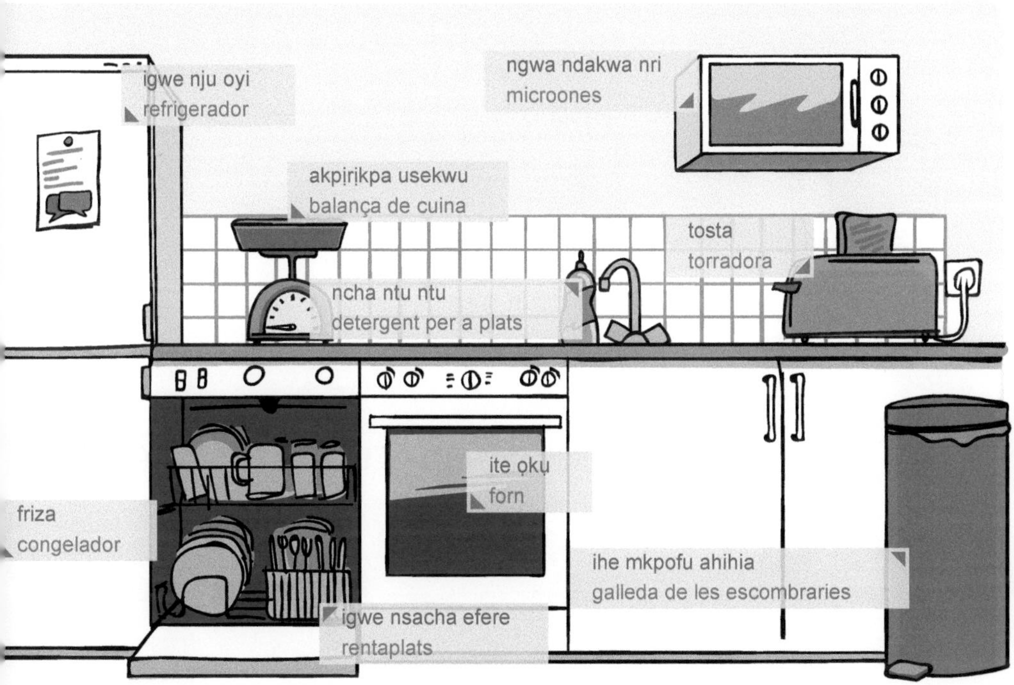

- igwe nju oyi / refrigerador
- ngwa ndakwa nri / microones
- akpirikpa usekwu / balança de cuina
- tosta / torradora
- ncha ntu ntu / detergent per a plats
- ite oku / forn
- friza / congelador
- ihe mkpofu ahihia / galleda de les escombraries
- igwe nsacha efere / rentaplats

osi ite
cuina de fogons

ite
olla

ite-igwe
olla de ferro colat

wok / kadai
wok / karahi

ite mmanu oku
paella

ketulu
bullidor

usekwu - cuina

ụzọkụ

olla de vapor

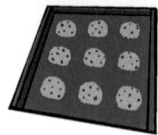

efere nri

plata de forn

ite mmiri

vaixella

iko

tassa grossa

nnukwu efere

bol

osisi

bastonets xinesos

ngazi

culler

ngazi mmanụ ọkụ

espàtula

ntụgharị

batedor

nje

colador

nyọ

sedàs

nkwọ

ratllador

ikwe

morter

anụ mmịkpọ

barbacoa

imeghe oku

foc a terra

usekwu - cuina

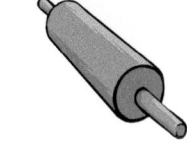

boodu ncha ihe — taula de tallar

osisi mgbati — corró

ihe mmeghe mmanya — llevataps

komkom — pot de conserva

ihe mmeghe komkom — obridor

ite njide — agafador

efere nsacha — aigüera

ihe nsa eze — raspall

ogbo — esponja

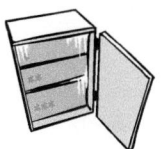

nkwori — batedora

friza — congelador

karama nwa — biberó

mkpopu mmiri — aixeta

usekwu - cuina

ụlọ ịsa ahụ
bany

- ịsa ahụ / dutxa
- kpọ ọkụ / calefacció
- akwa nhịcha ahụ / tovallola
- ákwà mgbochi / cortina de dutxa
- mmiri ofufu eji asa afụ / bany de bombolles
- okpokoro iwụ ahụ / banyera
- iko / got
- igwe nsacha akwa / rentadora
- tail / rajoles
- mkpọpụ mmiri / aixeta
- ihe mposi nwata / orinal
- efere nsacha / aiguera

ụlọ mposi

lavabo

mposi squat

lavabo turc

basin eji asa ebe nzuzo ahu

bidet

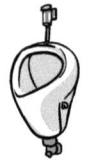

ebe inyu mmamịrị oha

orinador

akwụkwọ mposi

paper higiènic

ahihia ụlọ mposi

escombreta de sanitari

brọsh	ihe nhicha eze	nhicha eze
raspall de dents	pasta de dents	fil dental

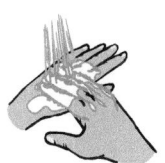

saa	ịsa aka	isa mmiri showa
rentar	pom de dutxa	dutxa íntima

nnukwu efere nsacha	agba ahịhịa eji ete penti	ncha
rentamans	raspall per a l'esquena	sabó

ncha mmiri nsa ahu	ncha ntutu	uwe ajiajuru
gel de dutxa	xampú	manyopla de bany

mgbapu mmiri	ude	senti
bonera	crema	desodorant

ụlọ ịsa ahụ - bany

enyo
mirall

enyo aka
mirall-espill de mà

rezo
maquineta de rasar

ụfụfụ ịkpụ afụ
espuma de barbejar

mgbe emechara aji
loció post-rasada

mbo
pinta

ahịhịa
raspall

okponku ntutu
eixugador

Ihe mmiri ana agba na isi
laca

ntecha
maquillatge

mmanụ ọnụ
pintallavis

ntecha mbọ aka
esmalt d'ungles

owu
cotó

mkpa mbọ aka
tallaungles

senti
perfum

40   ụlọ ịsa ahụ - bany

akpa uwe
estoig de bellesa

oche
tamboret

erikpu
bàscula

akwa towelu
barnús

gloovu roba
guants de goma

ihe mkpuchi obara ogbugbua
compresa higiènica

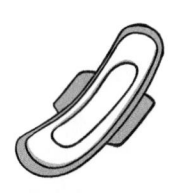

ihe mkpuchi nso nwanyi
compresa

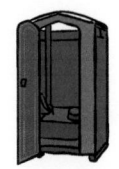

ụlọ mposi
sanitari químic

ụlọ nwa

cambra de nen

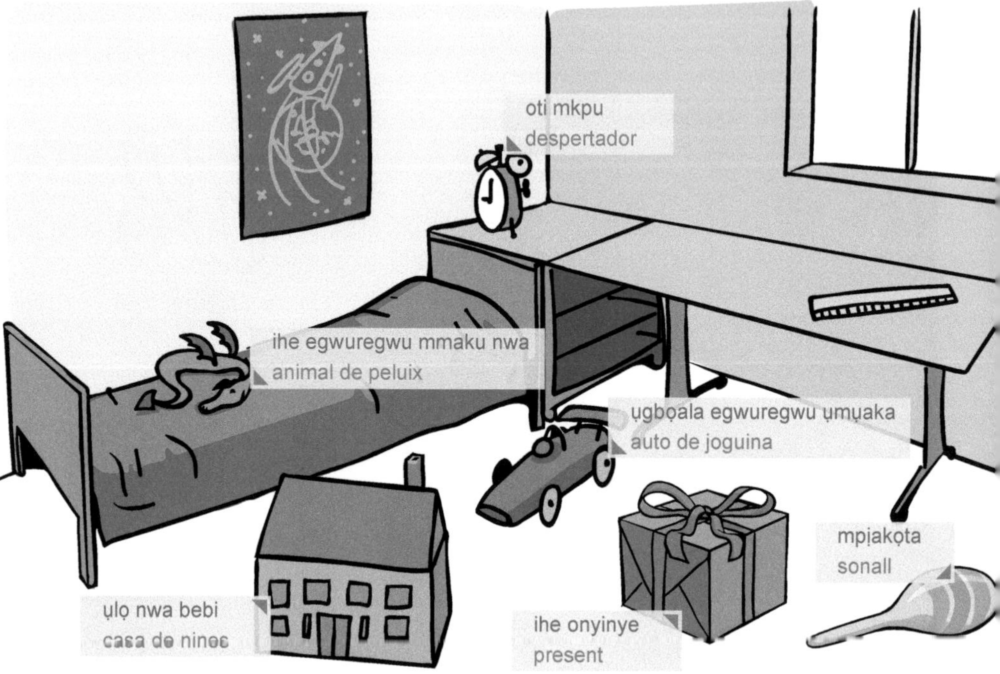

oti mkpu
despertador
ihe egwuregwu mmaku nwa
animal de peluix
ụgbọala egwuregwu ụmụaka
auto de joguina
mpịakọta
sonall
ụlọ nwa bebi
casa de nines
ihe onyinye
present

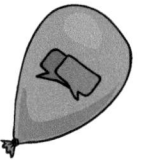

balun

baló

akwa ndina

llit

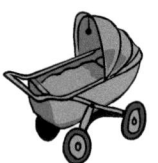

ihe obu nwa

cotxet per a nens

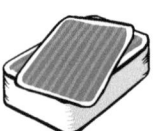

oche kaadị

joc de cartes

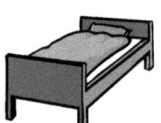

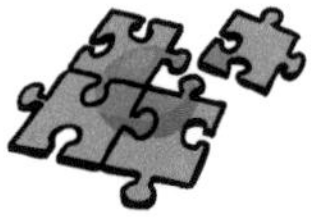

egwuregwu mgbagwoju anya

trencaclosca

SUPER MEGA

na-atọ ọchị

historieta

lego brik
peces de lego

ihe owuwu ụlọ
peces de construcció

ihe ngosi ọgụ
ninot d'acció

utonwa
granota

ihe egwuregwu diski na efe efe
frisbee

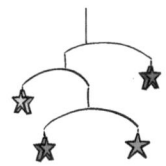

mbughari
mòbil per a bressol

bọọdụ egwuregwu
joc de taula

dais
daus

nlereanya ụgbọ okporo ígwè
tren elèctric

he oyiri mmadu eji egosi akwa
xumet

otu
festa

akwụkwọ foto
llibre de dibuixos

bọọlụ
pilota

nwa bebi
nina

kpọọ
jugar

ụlọ nwa - cambra de nen

olulu aja

sorrera

janglova

gronxador

ihe egwuregwu gasi

joguines

ihe egwuregwu vidiyo

consola de jocs de vídeo

ogbatumtum

tricicle

ihe egwuregwu ụmụaka

osset de peluix

wodrobu

armari

uwe
roba

sọks

mitjons

sọks

mitges

uwe ime ahu

mitja pantaló

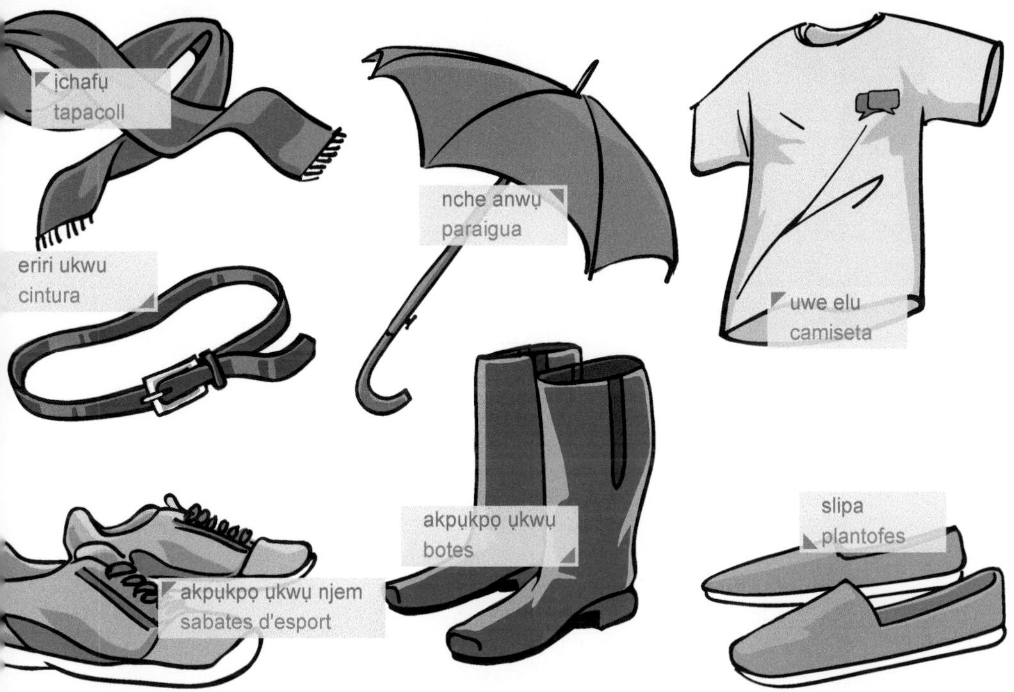

ichafụ
tapacoll

nche anwụ
paraigua

uwe elu
camiseta

eriri ukwu
cintura

akpụkpọ ụkwụ
botes

slipa
plantofes

akpụkpọ ụkwụ njem
sabates d'esport

akpụkpọ ụkwụ
sandàlies

akpụkpọ ụkwụ
sabates

akpụkpọ ụkwụ roba
botes de goma

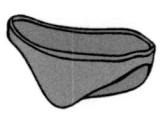

uwe ime ahu
calçonets

efe ara
sostenidor

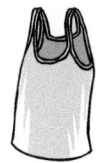

uwe na enweghi aka
guardapits

ahụ
jjustacòs

trauza
pantalons

trauza siri ike
jeans

sket
faldeta

uwe elu nwanyị
brusa

uwe elu
camisa

akwa njuoyi eji isi eyi
jersei

uwe njuoyi
dessuadora

jakeeti
blazer

jakeeti
jaqueta

ochu oyi uwe elu
mantell

akwa mmiri
impermeable

ekike
vestit de dona

uwe ogologo
vestit de dona

uwe agbamakwụkwọ
vestit de núvia

uwe suutu
vestit d'home

uwe abalị
camisa de dormir

pajamas
pijama

uwe umunwanyi Indian
sari

mkpuchi isi
mocador de cap

okpu
turbant

akwa mkpuchi ihu
burca

uwe ogologo nwanyi
caftan

abaya
abaia

akwa mmiri
vestit de bany

uwe eji egwu mmiri
calçon(et)s de bany

nịịka
pantalons curts

uwe mmega ahụ
xandall

uwe nchekwa
davantal

uwe aka
guants

bọtịnụ
botó

ugegbe anya
ulleres

mgbaaka
braçalet

eriri olu
collaret

mgbanaka
anell

ola nti
orellera

okpu
casquet

ihe nkowe uwe elu
penjador

okpu
capell

tai
corbata

nzichi
cremallera

okpu agha
casc

ihe njide eze
elàstics

uwe ụlọ akwụkwọ
uniforme escolar

mbonotu
uniforme

uwe - roba

ọghọ nri nwa

pitet

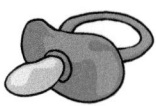

ihe oyiri mmadu eji egosi akwa

xumet

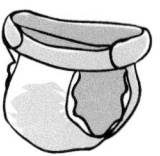

akwa nwanye nwa

bolquer

ụlọ ọrụ
oficina

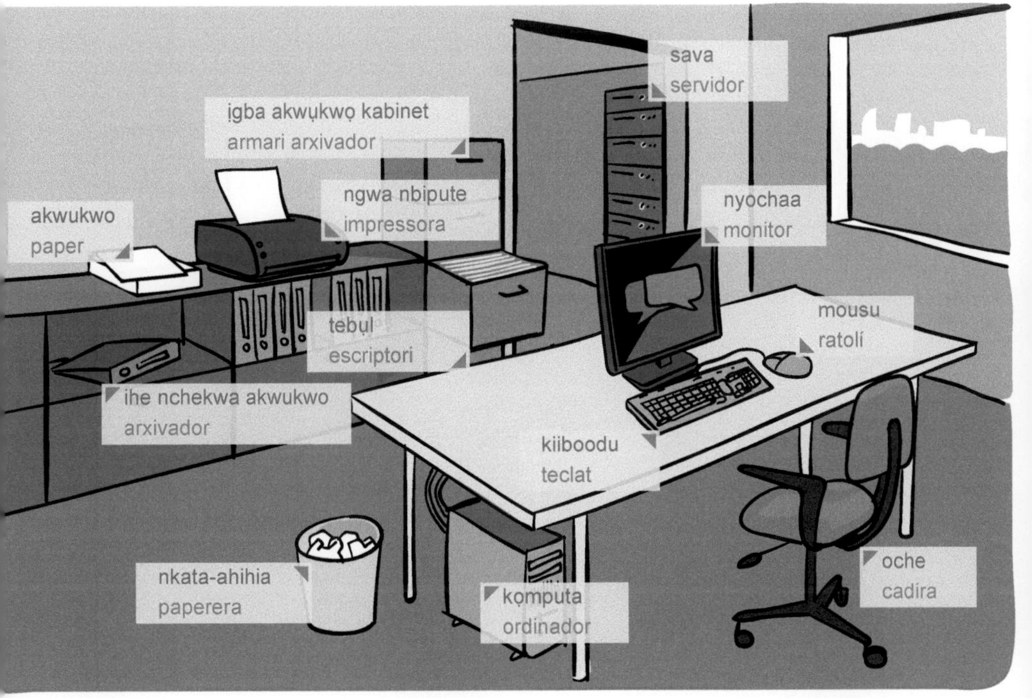

- sava / servidor
- igba akwụkwọ kabinet / armari arxivador
- ngwa nbipute / impressora
- nyochaa / monitor
- akwukwo / paper
- tebụl / escriptori
- mousu / ratolí
- ihe nchekwa akwukwo / arxivador
- kiiboodu / teclat
- nkata-ahihia / paperera
- kọmputa / ordinador
- oche / cadira

iko kọfị

tassa de cafè

igwe mgbakọ

calculadora

ịntaneti

Internet

ụlọ ọrụ - oficina

laptọọpụ
ordinador portàtil

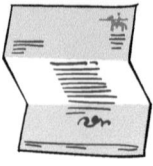
leta
lletra

ozi
missatge

mkpanaka
mòbil

netwọk
xarxa

ihe mbiputa
fotocopiadora

ngwanrọ
programari

ekwentị
telèfon

ebe nkwụnye
presa de corrent

igwe fax
fax

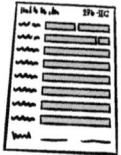
ụdị
formulari

akwụkwọ
document

ụlọ ọrụ - oficina

akụnụba
economia

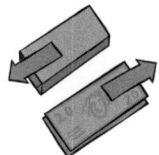
zụta
comprar

kwuo ugwo
pagar

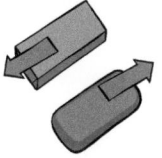
ahia
comerciar

ego
diners

ego ndi Amerika
dòlar

ego ndi Eruopu
euro

ego ndi japanizi
ien

ego ndi Rusian
ruble

Switzerland franc
franc suís

renminbi yuan
renminbi

ego ndi Indian
rupia

ebe akwụmụgwọ
caixa automàtica

ebe mgbanwe ego
oficina de canvi

ọla edo
or

ọlaọcha
argent

mmanụ
petroli

ume
energia

ọnụahịa
preu

nkwekọrịta
contracte

ụtụ
impost

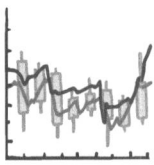
ngwaahịa
acció

ọrụ
treballar

onye ọrụ
treballador

onye were gị n'ọrụ
empresari

ụlọ ọrụ mmeputa ngwahia
fàbrica

ụlọ ahịa
botiga

akụnụba - economia

aka ọrụ
oficis

onye uwe ojii
oficial de policia

onye mmenyu oku
bomber

esi nri
cuiner

dibia bekee
doctora

ọkwọ ụgbọelu
pilot

onye na-elekọta ubi
jardiner

ọkwa nkà
fuster

akwa nwanyị
costurera

ọka ikpe
jutge

kemist
química

onye ome ihe nkiri
actor

ọkwọ ụgbọ ala
conductor d'autobús

ọkwọ ụgbọ ala
taxista

onye ọkụ azụ
pescador

nwanyị nhicha
dona de la neteja

roofer
ensostrador

onye na-ebu nri
cambrer

dinta
caçador

onye na-ese ihe
pintor

onye osi ite
forner

onye ndozi ọkụ eletrik
electricista

onye na-ewu ụlọ
obrer de la construcció

njinia
enginyer

onye na-egbu anụ
carnisser

plọmba
llanterner

onye ozi
correu

54   aka ọrụ - oficis

onye agha
soldat

onye na-ese ụkpụrụ ụlọ
arquitecte

onye okwu ugwo
caixera

ore fulawa
florista

onye na-edozi ntutu isi
perruquer

kondokto
revisor

onye n'aruzi ụgbọala
mecànic

onyeisi
capità

dibia bekee eze
dentista

ọkà mmụta sayensị
científic

rabaị
rabí

imam
imam

mọnk
monjo

ụkọchukwu
capellà

aka ọrụ - oficis

ngwaọrụ
eines

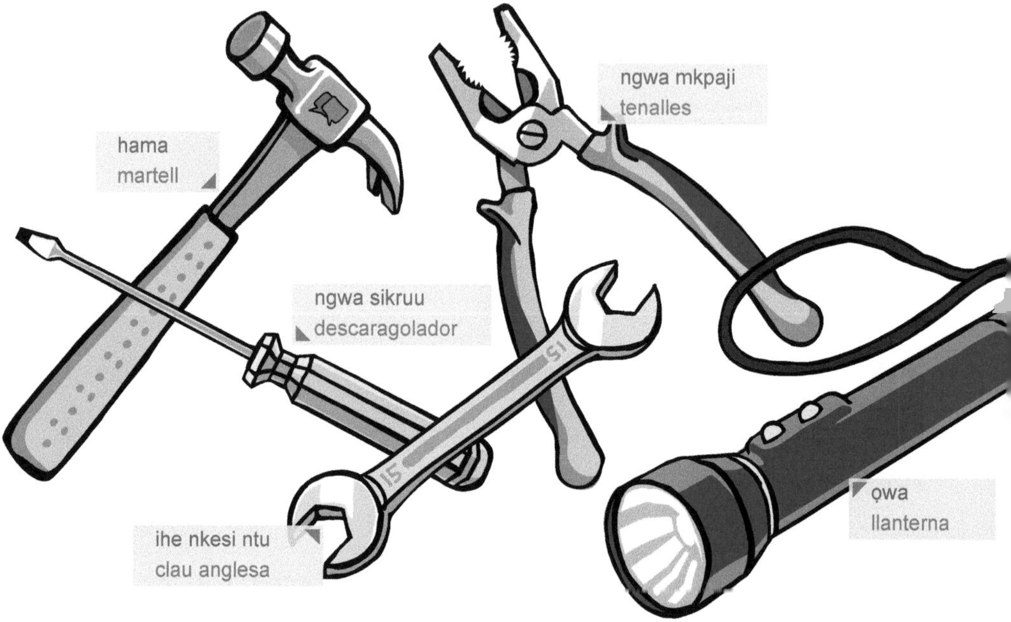

hama
martell

ngwa mkpaji
tenalles

ngwa sikruu
descaragolador

ihe nkesi ntu
clau anglesa

ọwa
llanterna

igwu ala

excavadora

igbe ngwaọrụ

caixa d'eines

ubube

escala

nkwọ

serra

mbọ

claus

igwe mkpọpu

trepant

mezie
reparar

ihe eji egwu ala
pala

Ụchụ!
Maleït siga!

efere ájá
pala

ite agba
pot de pintura

ntu
caragols

ngwa egwu
instrument de música

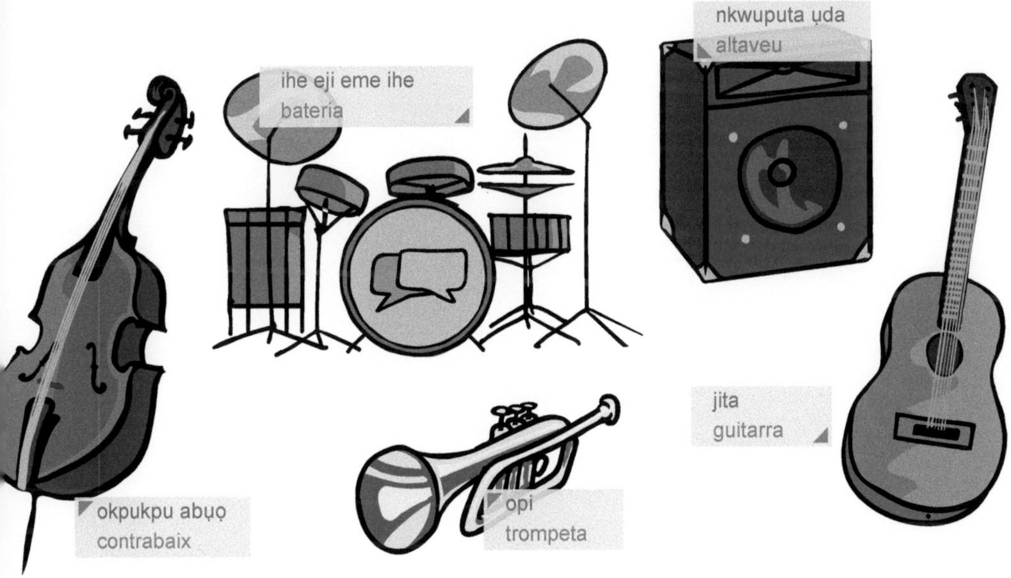

- ihe eji eme ihe / bateria
- nkwuputa ụda / altaveu
- okpukpu abụọ / contrabaix
- opi / trompeta
- jita / guitarra

kiibọọdụ / piano

violin / violí

bass / baix

timpani / timbal

igba / tambor

kiibọọdụ / teclat

sasofone / saxofon

ojà / flauta

igwe okwu / micròfon

ngwa egwu - instrument de música

zuu
zoo

ụzọ mbata
entrada

agụ
tigre

onu
gàbia

inyinya ọhịa
zebra

nri anụmanụ
aliment per a animals

panda
ós panda

anụmanụ
animals

enyi
elefant

kangaruu
cangurú

rhino
rinoceront

ozodimgba
goril·la

anụ ọhịa
ós

kamel
camell

enyí nnụnụ
estruç

ọdụm
lleó

enwe
simi

flamingo
flamenc

icheku
papagai

anụ ọhịa
ós polar

nnunu mmiri
pingüí

akụm
ca mari

ekwuru ụlọ
paó

agwo
serp

agụ iyi
cocodril

onye na-elekọta zuu
guardià del zoo

mechie
foca

agu
jaguar

zuu - zoo

ịnyịnya
poni

agụ owuru
lleopard

anụ ọhịa
hipopòtam

girraaf
girafa

ugo
àliga

ezi ọhịa
senglar

azụ
peix

mbe
tortuga

anụ mmiri
morsa

nkịta ọhịa
guineu

mgbada
gasela

egwuregwu
esports

ihe omume
activitats

- nalie elu / saltar
- chịa ọchị / riure
- mmakụ / abraçar
- jee ije / anar
- buo / cantar
- nrọ / somiar
- kpee ekpere / pregar
- isusu onu fer un petó

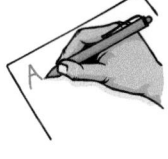

dee
escriure

see
dibuixar

gosi
mostrar

kwaa
pitjar

nye
donar

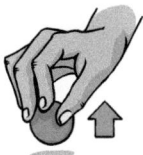

nara
prendre

nwee
tenir

mee
fer

ịbụ
ésser

guzoro
estar dret

gbaa ọsọ
córrer

dọọ
estirar

tufuo
llançar

daa
caure

ụgha
jeure

chere
esperar

buru
portar

nọdụ ala
asseure's

yi uwe
vestir-se

hie ụra
dormir

kulie
despertar-se

ihe omume - activitats

lee anya
mirar

tie mkpu
plorar

ọrịa strok
amoixar

mbo
pentinar

kwuo
parlar

ịghọta
comprendre

jụọ
demanar

gee ntị
escoltar

ihe ọnụnụ
beure

rie
menjar

dozie
endreçar

ịhụnanya
estimar

isi nri
cuinar

kwọọ
conduir

ofufe
volar

ihe omume - activitats

ụgbọ
navegar

gbakọọ
calcular

gụọ
llegir

na-amụta
aprendre

ọrụ
treballar

lụọ
casar-se

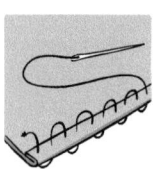
idu
cosir

ahịhịa ezé
raspallar-se les dents

gbue
matar

anwụrụ ọkụ
fumar

zipu
enviar

ezinụlọ
família

nne nne / àvia

nna nna / avi

nna / pare

nne / mare

nwa / nadó

nwa nwanyị / filla

nwa nwoke / fill

ọbịa

convidat

nwanne nne/nna

tia

nwanne nna/nne

oncle

nwanne

germà

nwanne

germana

ahụ
cos

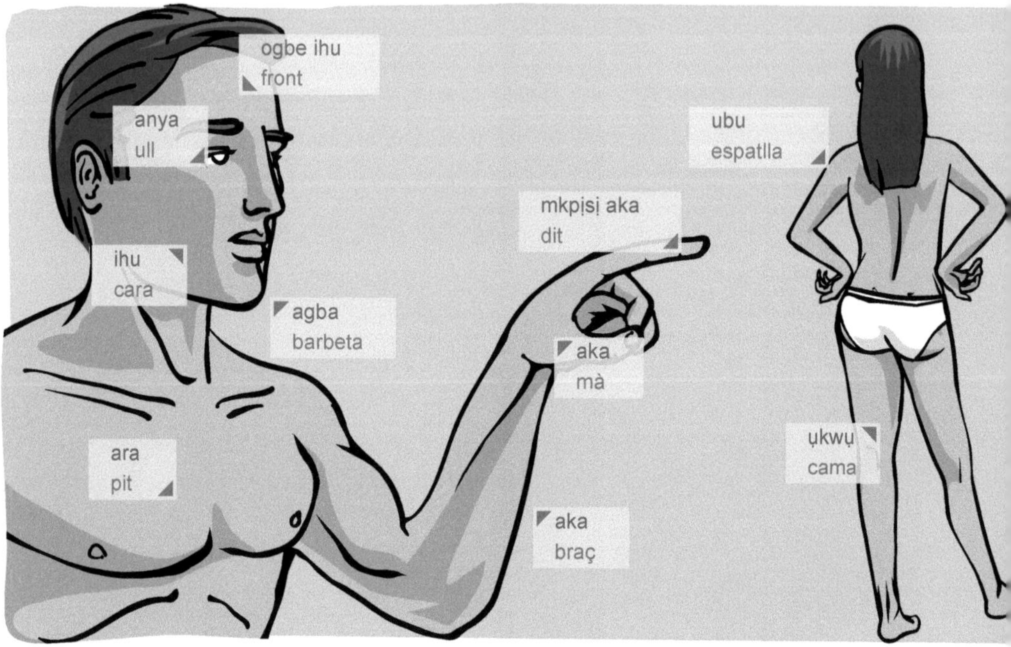

- ogbe ihu / front
- anya / ull
- ihu / cara
- agba / barbeta
- ara / pit
- mkpịsị aka / dit
- aka mà
- aka / braç
- ubu / espatlla
- ụkwụ / cama

nwa
nadó

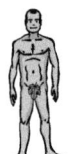

nwoke
home

nwanyị
dona

nwa nwanyị
noia

nwa nwoke
noi

isị
cap

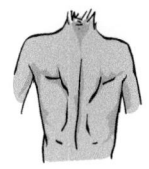
azu
esquena

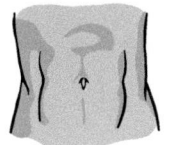
afọ
panxa

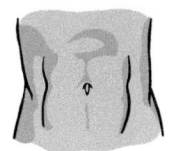
otubo
melic

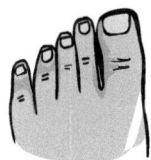
mkpisi ukwu
dit gros del peu

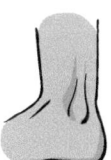
ikiri ụkwụ
taló

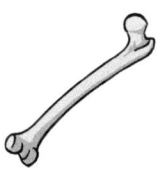
ọkpụkpụ
os

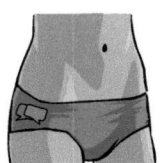
ukwu
maluc

ikpere
genoll

ikpere aka
colze

imi
nas

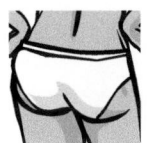
ike
cul

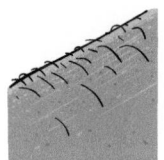
akpụ kpọ ahụ
pell

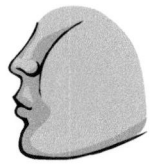
nti
galta

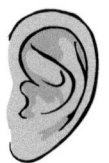
ntị
orella

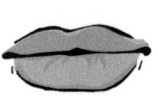
egbugbere ọnụ
llavi

ọnụ
boca

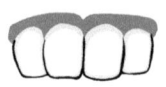
eze
dent

ire
llengua

ụbụrụ
cervell

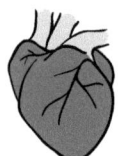
mkpụrụ obi
cor

akwara
múscul

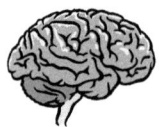
akpa ume
pulmó

umeji
fetge

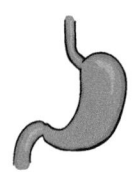
afọ
estómac

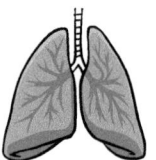
akụrụ
ronyó

mmekọahụ
relació sexual

kondom
preservatiu

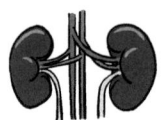
akwa nwanyị
ovari

ọbara ọcha
semen

afọ ịme
prenyat

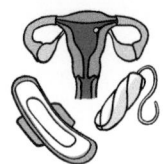
nsọ nwanyị
menstruació

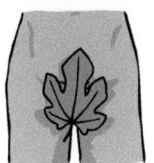
ọtụ
vagina

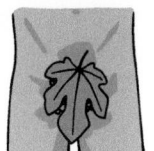
amụ
penis

nku anya
cella

ntutu
cabells

olu
coll

ahụ - cos

ụlọ ọgwụ
hospital

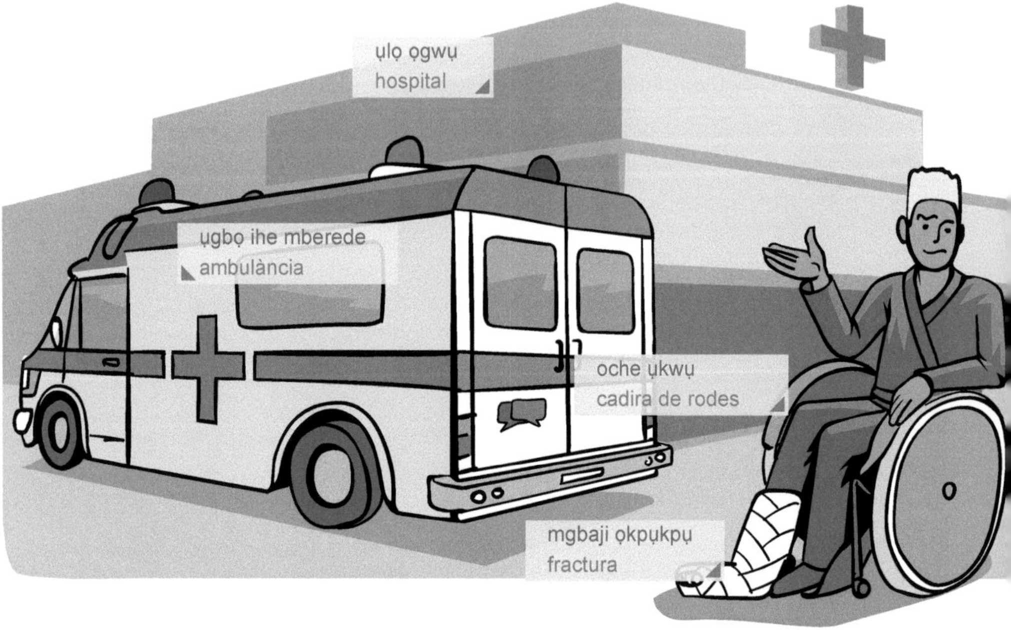

ụlọ ọgwụ
hospital

ugbọ ihe mberede
ambulància

oche ụkwụ
cadira de rodes

mgbaji ọkpụkpụ
fractura

dibia bekee

doctora

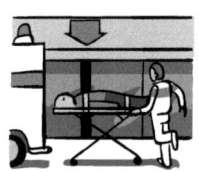

ụlọ mberede

sala d'urgències

nọọsụ

infermera

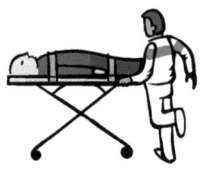

mberede

urgència

amaghị ihe ọ bụla

inconscient

ụfụ

dolor

mmerụ ahụ
ferida

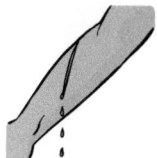
agba ọbara
sagnament

obi nkolopu
atac de cor

ọrịa strok
apoplexia

nke ahu anataghi
al·lèrgia

ụkwara
tos

ahụ ọkụ
febre

ọrịa flu
gripa

afọ ọsịsa
diarrea

isi ọwụwa
mal de cap

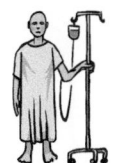
kansa
càncer

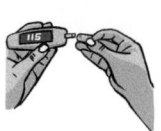
ọrịa shuga
diabetis

dọkịta na-awa ahu
cirurgià

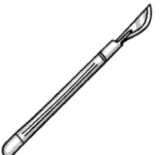
mma eji awa ahụ
escalpel

ịwa ahụ
operació

ụlọ ọgwụ - hospital

CT
tomografia computada (TC), TAC

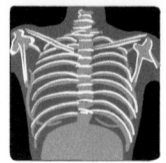

x-ree
raigs x

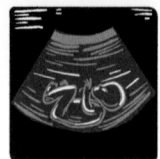

nyocha ime ahu
ultrasò

nkpuchi ihu
mascareta

ọrịa
malaltia

ebe nchekwa
sala d'espera

mkpara
crossa

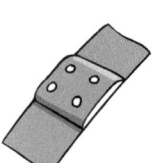

nnyachi
tireta

bandeeji
embenat

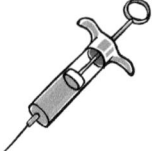

ọgwụ ọgbụgba
injecció

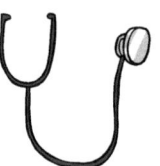

stetoskop
estetoscopi

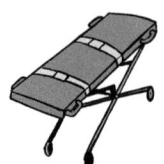

Igwe eji ibu mmadu
llitera

temometa ụlọgwụ
termòmetre clínic

omumu
pariment

ibufe oke ibu
sobrepès

ụlọ ọgwụ - hospital

enyemaka inu ihe
aparell auditiu

mmiri ogwu nje
desinfectant

oria nje
infecció

nje
virus

Oria HIV/AIDS
VIH / SIDA

ogwu
medicina

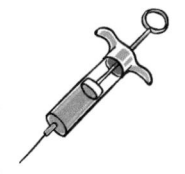
gba ogwu mgbochi oria
vaccí

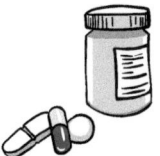
mkpuru ogwu
comprimits

mkpuru ogwu
píl·lola

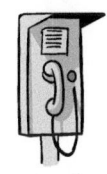
oku mberede
trucada d'urgència

nyochaa obara mgbali
tensiòmetre

na-aria oria / ahuike
malalt / sà

ulo ogwu - hospital

mberede
urgència

Nyerem aka!
Socors!

oti mkpu
alarma

wakpo
assalt

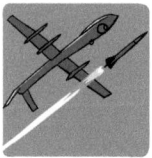

ogụ
atac

ihe egwu
perill

ụzọ ọpụpụ mberede
sortida-eixida d'urgència

Ọkụ!
Foc!

mmenyu ọkụ
extintor

ọghọm
accident

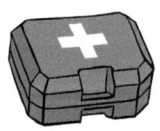

akpa enyemaka mbụ
farmaciola de primers auxilis

SOS
SOS

ndị uwe ojii
policia

Ụwa
terra

Europe
Europa

North Amerika
Amèrica del Nord

South Amerika
Amèrica del Sud

Africa
Àfrica

Eshia
Àsia

Ọstrelia
Austràlia

Atlantic
Atlàntic

Pasifik
Pacífic

Oke Osimiri Indian
Oceà Índic

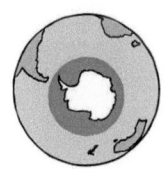
Oke Osimiri Antarctic
Oceà Antàrtic

Oke Osimiri Arctic
Oceà Àrtic

Ebe Ugwu
pol nord

| Ebe Ọdịda anyanwu | Antarctica | Ụwa |
| pol sud | Antàrtida | terra |

  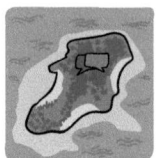

| ala | oké osimiri | agwaetiti |
| país | mar | illa |

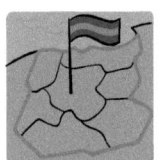 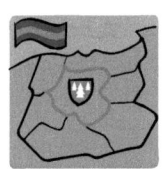

| mba | steeti |
| nació | estat |

elekere
rellotge

ihu elekere
quadrant

aka awa
agulla de les hores

aka nkeji
agulla dels minuts

ihe ejigoro
agulla dels segons

Kedu ihe na-akụ?
Quina hora és?

ụbọchị
dia

oge
temps

ugbu a
ara

elekere dijitalụ
rellotge digital

nkeji
minut

awa
hora

izu
setmana

ụnyaahụ
ahir

taa
avui

echi
demà

ututu
matí

ehihie
migdia

mgbede
tarda

ụbọchị azụmahịa
dia feiner

izu ụka
cap de setmana

izu - setmana

afọ

any

eke mmiri
arc de Sant Martí
mmiri ozuzo
pluja
sno
neu
ifufe
vent
oge mmiri
primavera
oge mgbụsị akwụkwọ
tardor
oge ọkọchi
estiu
oyi
hivern

4.APRIL 11°
5.APRIL 4°
6.APRIL 13°
7.APRIL 8°
8.APRIL 10°

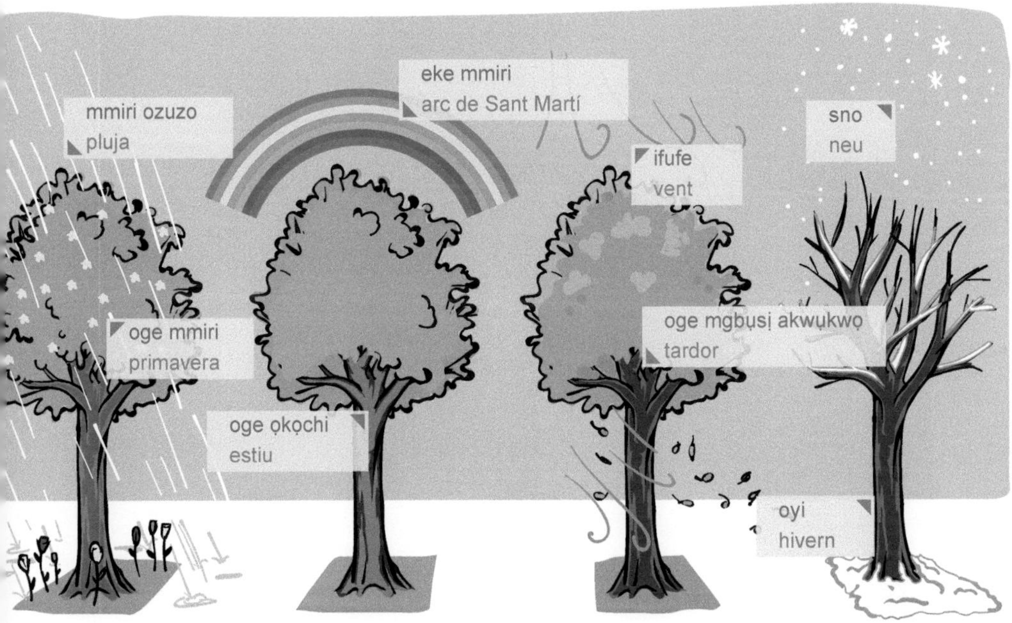

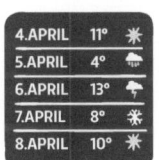

amụma ihu igwe

pronòstic del temps

F C
120 90 60 30 0 -30
40 30 20 10 0 -10 -20

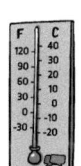

temometa

termòmetre

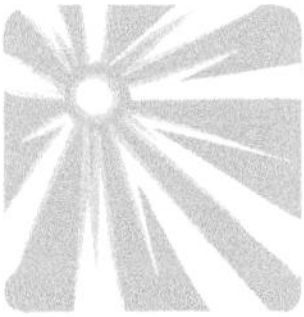

anwụ

llum del sol

igwe ojii

núvol

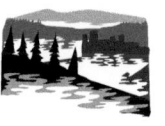

foogu

boira

iru mmiri

humiditat de l'aire

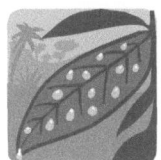

àmụmà
llamp

égbè eluigwe
tro

oké mmiri ozuzo
tempesta

aki mmiri
calamarsa

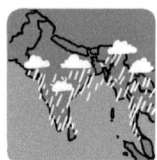
udu mmiri
monsó

ide mmiri
inundació

aiz
gel

Jenụwarị
gener

Febụwarị
febrer

Machị
març

Eprel
abril

Mee
maig

June
juny

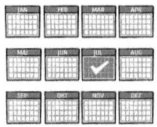
Julaị
juliol

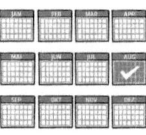
Ọgọst
agost

Septemba
setembre

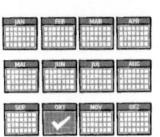
Ọktọba
octubre

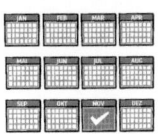
Nọvemba
novembre

Disemba
desembre

ụdị
formes

okirikiri
cercle

akuku anọ
quadrat

rektangulu
rectangle

akuku atọ
triangle

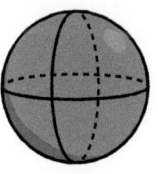
okirikiri
esfera

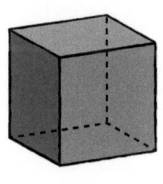
igbe
cub

ụdị - formes

na agba
colors

acha ọcha
blanc

acha edo edo
groc

acha oroma
taronja

acha pink
rosa

acha uhie uhie
vermell

acha odo odo
lila

acha anụnụ anụnụ
blau

acha akwụkwọ ndụ
verd

acha aja aja
marró

acha isi awọ
gris

eji oji
negre

mmegide
oposats

otutu / ntakịrị
molt / poc

iwe / juu
emprenyat / tranquil

mara mma / jọrọ njọ
bonic / lleig

mbido / njedebe
començament / fi

nnukwu / obere
gran / petit

na-enwu / ọchịchịrị
clar / fosc

nwanne nwoke / nwanne nwanyị
germà / germana

dị ọcha / unyi
net / brut

mezue / ezughi ezu
complet / incomplet

ụbọchị / abalị
dia / nit

nwụrụ anwụ / dị ndụ
mort / viu

obosara / warara
ample / estret

oriri / erighị

comestible / immenjable

ojoọ / obiọma

dolent / amable

obi ụtọ / nkịtị gwụrụ

entusiasmat / entediat

abụba / mkpa

gros / prim

mbụ / ikpeazụ

primer / darrer

enyị / iro

amic / enemic

juru eju / efu

ple / buit

ike / adụ

dur / tou

arọ / mfe

pesant / lleuger

agụụ / akpịrị ịkpọ nkụ

gana / set

na-arịa ọrịa / ahụike

malalt / sà

n'uzo na ezighi ezi / iwu

il·legal / legal

onye nwere ọgụgụ isi / onye nzuzu

intel·ligent / ximple

aka ekpe / aka nri

esquerra / dreta

dị nso / tere anya

prop / llunyà

ọhụrụ / jiri
nou / usat

enweghi ihe / enwere ihe
res / quelcom

agadi / nwata
vell / jove

gbanye / gbanyụọ
encès / apagat

mepe / mechie
obert / tancat

jụụ / dara ụda
silenciós / sorollós

ọgaranya / ogbenye
ric / pobre

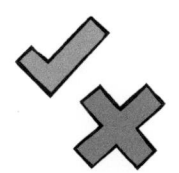

ziei ezi / ezighi ezi
correcte / incorrecte

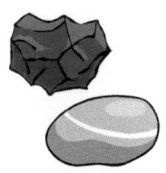

siri ike / larịị
aspre / suau

mwute / obi ụtọ
trist / content

mkpụmkpụ / ogologo
curt / llarg

nwayọọ / ngwa ngwa
lent / ràpid

dị mmiri / kpọrọ nkụ
humit / sec - eixut

na-ekpo ọkụ / dị jụụ
calent / fred

agha / udo
guerra / pau

mmegide - oposats

nọmba
nombres

0 — efu / zero

1 — otu / u

2 — abụọ / dos

3 — atọ / tres

4 — anọ / quatre

5 — ise / cinc

6 — isii / sis

7 — asaa / set

8 — asatọ / vuit

9 — itolu / nou

10 — iri / deu

11 — iri na otu / onze

12
iri na abụọ
dotze

13
iri na atọ
tretze

14
iri na anọ
catorze

15
iri na ise
quinze

16
iri na isii
setze

17
iri na asaa
disset

18
iri na asatọ
divuit

19
iri na itoolu
dinou

20
iri abụọ
vint

100
narị
cent

1.000
puku
mil

1.000.000
nde
milió

asụsụ
llengües

Bekee
anglès

Asụsụ Bekee
anglès americà

Asụsụ ndị China
xinès mandarí

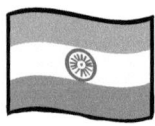
Asụsụ ndị Hindi
hindi

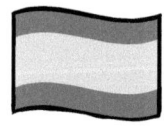
Asụsụ ndị Spain
espanyol

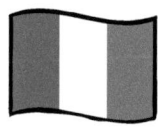
Asụsụ ndị France
francès

Asụsụ ndị Arab
àrab

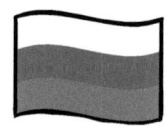
Asụsụ ndị Russia
rus

Asụsụ ndị Portugal
portuguès

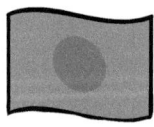
Asụsụ ndị Bengal
bengalí

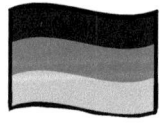
Asụsụ ndị German
alemany

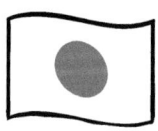
Asụsụ ndị Japan
japonès

onye / ihe / olee
qui / què / com

M
jo

gị
tu

ya / ya / ya
ell / ella / allò

anyị
nosaltres

gị
vosaltres

ha
ells

onye?
qui?

gịnị?
què?

kedu?
com?

ebe?
on?

mgbe ole?
quan?

aha
nom

ebee
on

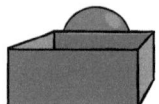

n'azụ

darrere

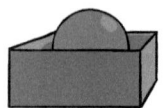

n'ime

en

n'ihu

davant de

gafee

damunt

na

sobre

n'okpuru

sota

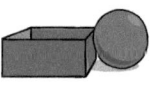

n'akụkụ

al costat

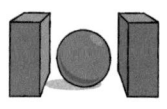

n'etiti

entre

ebe

lloc